REFUTATION

DU PROJET

DES

AMIS DES NOIRS,

Sur la suppression de la traite des nègres & sur l'abolition de l'esclavage dans nos colonies.

Par M. de Saint-Cyran, capitaine en premier au corps-royal du génie, employé depuis plusieurs années dans les îles angloises et françoises de l'Amérique.

1790.

RÉFUTATION

DU PROJET

DES

AMIS DES NOIRS,

Sur la suppression de la traite des nègres, et sur l'abolition de l'esclavage dans nos colonies.

Dans des tems calmes, et quand l'effervescence inséparable de la révolution actuelle permettra des réflexions froides et tranquilles, on ne se rappellera qu'avec étonnement, que des écrivains aient pu fixer l'attention publique et trouver des partisans, en proposant à la France, sous un voile de justice et d'humanité, d'échanger, sans nécessité, sans retour et à plaisir, ses richesses et sa puissance, contre un état de foiblesse et de pauvreté, auquel trente années de la guerre la plus malheureuse, combinée avec tous les autres genres de calamité, ne pourroient la réduire.

On va cependant se convaincre que telle est la conséquence nécessaire des idées avec lesquelles une multitude de gens oisifs, peu instruits de ce qui concerne nos colonies et notre commerce, ou disposés à acheter la célébrité à tout prix; de philantropes, que nous devons sans doute considérer comme des fanatiques de bonne-foi, malgré l'opinion et les apparences contraires, ne cessent d'échauffer les esprits dans cette capitale; elles ont fomenté dans des têtes exaltées et disposées à se livrer, sans examen, à tout sentiment favorable à la liberté. Ces bruits ont passé les mers; nos colonies sont menacées de subversion; les négocians françois, livrés aux plus cruelles inquiétudes, sur des sommes immenses qui leur sont dues par les colons, et sur les évènemens futurs, suspendent leurs armemens, et il est difficile d'évaluer la perte qu'occasionnent déjà à notre commerce ces rumeurs, qui sembloient n'être destinées qu'à couvrir leurs auteurs de ridicule.

On a déja prouvé plusieurs fois que l'état des esclaves, dans nos colonies, est moins dur, habituellement, que celui des journaliers en France; qu'ils ont sur-tout, pardessus ces derniers, l'avantage d'être soignés dans leurs infirmités et leur vieillesse, et que la nourriture de leurs femmes et de leurs enfans y est assurée; qu'excepté aux heures de travail, ils jouissent d'une liberté parfaite; qu'il n'en est aucun qui ne possède une maison et des terres pour lui et les siens, qui n'ait des poules, des cochons et d'autres propriétés, toujours soigneusement respectées par le maître; qu'un grand nombre d'entre eux n'ont jamais connu la plus légère punition, et remplissent leurs devoirs avec attachement et fidélité; qu'ils chantent presque tout le jour, et s'assemblent pour danser, au moins deux fois la semaine, souvent pendant la nuit entière; que les jours de fêtes, ceux qui ont la moindre industrie, paroissent dans les bourgs, habillés très-élégamment: qu'ils se donnent fréquemment, entre eux, des dîners en règle; que leur noces sont somptueuses, ainsi que leurs convois funèbres, et qu'enfin la plupart seroient infiniment surpris, s'ils apprenoient ce que des philosophes parisiens racontent de leur état. On pourroit ajouter que l'Afrique ayant, dans tous les tems, été dans l'usage de vendre ses habitans, ou ils demeureroient dans un esclavage plus dur dans leur propre pays, si les européens ne les venoient point acheter, ou ils seroient vendus sur la côte orientale d'Afrique et dans une grande partie de l'Asie, contrées qui, depuis la culture d'Amérique, ne peuvent plus s'en procurer une quantité suffisante, à cause de leur trop haut prix; ou enfin, ils continueroient de vivre sous la tyrannie despotique des princes Africains, que tous les voyageurs nous dépeignent comme l'oppression la plus cruelle.

Mais je me dispenserai d'insister sur ces motifs et sur plusieurs autres qui ont été allégués, quelques forts qu'ils puissent être, pour diminuer la défaveur de l'esclavage établi dans nos colonies; sans doute on a peine à concilier cet état avec les principes du droit naturel*, et si les plus fortes raisons de nécessité politique ne peuvent dispenser une nation de proscrire toute institution contraire à la théorie d'une morale rigoureure, si elle doit s'y déterminer, même quand cette infraction n'aggraveroit le sort de qui que ce soit, & qu'au contraire ceux qui auroient le droit de réclamer contre elle, devroient en redouter le redressement, et trouver alors à la place d'un malheur imaginaire les maux les plus réels, nul doute que le roi ne doive s'empresser de suivre le conseil mentionné dans le journal du comte de Mirabeau, de faire afficher sans délai, la déclaration des droits de l'homme, dans tous les coins de nos îles.

J'objecterois envain, que le premier effet de la liberté accordée aux nègres, seroit le massacre général des blancs et des gens de couleur libres; que la culture de nos îles seroit abandonnée, et qu'il en résulteroit pour nous un désavantage annuel de plus de deux cens millions, dans la balance du commerce, soit en raison des denrées coloniales, que nous cesserions de vendre à l'étranger, soit pour celles que nous achèterions de lui; qu'ainsi notre numéraire sortiroit entièrement du royaume; que toute les provinces maritimes, et une grande partie des manufactures et de la culture intérieure seroient ruinées; que nos matelots actuels seroient obligés de diriger leur industrie vers d'autres pays ou d'autres occupations, et que notre marine militaire, dont la dépense très-considérable n'auroit plus d'ailleurs, à beaucoup près, d'aussi grands objets d'utilité, s'annéantiroit, et bientôt avec elle, le reste de notre commerce par mer; que nos côtes seroient impunément insultées, que les nègres eux-mêmes, après avoir exterminé les blancs, incapables d'établir entre eux aucune police, s'entre-égorgeroient, et que ceux qui survivroient, seroient bientôt réduits de nouveaux en esclavage, par des puissances moins scrupuleuses ; qu'enfin nous ne pouvons mieux faire que de suivre l'exemple des Anglois et des anglo-Américains, qui ont cru devoir restreindre, à cet égard, l'application de leurs principes sur cette liberté, dont ils se montrent d'ailleurs si jaloux.

On auroit droit de me répondre, qu'il est moins odieux de voir cinquante mille oppresseurs massacrés, avec leurs femmes et leurs enfans, que l'oppression de cinq cents mille hommes continuée : que la sûreté du royaume : quelques centaines de millions par an, et l'avantage de voir fleurir la marine, l'agriculture, les manufactures et tous les genres de commerce, sont payés trop cher par une injustice ; que si les nègres devenus libres, s'entredétruisent, ce sera leur faute ; que si des puissances étrangères les remettent sous le joug, la nation françoise s'en lave les mains, et quant à l'exemple des Anglois et des anglo-Américains, que nous devons le suivre, en posant, comme eux, de bons principes de constitution, et l'abandonner quand ces peuples s'écartent des justes conséquences qui en dérivent.

Ce n'est donc pas pour les partisans d'une morale si intraitable, que j'ai cru devoir entrer dans ces détails, mais pour ceux qui, pénétrés du desir de voir réparer, autant qu'il est possible, les injustices publiques et particulières, pensent cependant, d'après l'exemple de tous les peuples, et l'expérience de tous les tems, qu'une sage politique peut quelquefois se trouver dans la nécéssité de faire entrer en balance des avantages et des abus; qui savent que les moyens de prospérité et de sûreté des différentes nations, reposans presque toujours sur les rapports qui existent entre elles, un peuple ne doit pas compromettre de si grands intérêts, en entreprenant seul de changer ces anciennes relations, d'après des idées extravagantes de perfection, pour ceux qui, sur-tout, sont bien loin d'imaginer qu'une nation, uniquement par délicatesse de conscience, doive s'exposer aux inconvéniens les plus affreux, et renoncer à d'immenses avantages, pour le redressement d'une injusice, sans que ceux qui en sont les victimes, doivent éprouver, par ces sacrifices, aucun adoucissement dans leur sort: on a dit, il y'a long-tems, que les états ne se gouvernoient pas avec des chapelets, on peut ajouter qu'une ancienne monarchie, riche et corrompue, ne peut être réformée d'après les principes métaphisiques d'une morale alambiquée.

Je viens de dire que, si par quelque évènement que ce soit, les nègres de nos colonies se trouvoient en pleine possession de leur liberté, le premier effet qui en résulteroit, seroit le massacre des blancs; car, sans parler du ressentiment dont on doit supposer plusieurs de ces esclaves animés contre eux, leur génie grossier ne les empêchera pas de voir que la ruine absolue de leurs maîtres est la suite d'un évènement aussi inconcevable, et sur lequel ils auront peine à croire le témoignage de leurs propres yeux; ils ne pourront douter que ceux-ci ne fassent tôt ou tard leurs efforts pour amener une révolution contraire, et jamais ils ne se croiront libres, aussi long tems qu'ils verront un blanc dans leur île. Devenus indépendans, affranchis de la police sévère des habitations, pouvant s'assembler, conférer ensemble, se trouvant cent contre un, dans les campagnes, ils forceront les colons, qui pourront échapper à leur fureur, à chercher un premier asile dans les forteresses, abandonnant tous leurs biens au pillage. Envain les foibles garnisons qui les occupent actuellement, tenteroient de remettre l'ordre parmi cette multitude effrénée, sans propriétés, sans moyens de subsistance, sans loix, ne connoissant d'autre subordination que celle de l'esclavage, et dans cette occasion, toujours pleine de défiance à la vue d'un blanc; et quand ces garnisons seroient plus considérables, elles n'y réussiroient qu'en exterminant ces nouveaux affranchis, ou en les réduisant de nouveau en servitude.

Sans doute cet évènement auroit d'autres suites; on sait quel avantage nos îles, et les états-unis de l'Amérique, retirent de leur commerce réciproque; il est borné, de la part des colonies, à leur vendre & à acheter d'eux, ce que la mère-patrie, ne peut commodément fournir ou recevoir. Ces sortes de négociations sont d'autant plus précieuses aux Anglo-Américains, que depuis leur révolution, l'entrée des îles angloises leur est interdite; & l'on ne peut douter que, s'ils parvenoient à jouir librement du commerce de nos îles, ils ne dussent être comptés, dans peu d'années, parmi les premières puissances du monde. Ce seroit donc à eux que nos fugitifs pourroient s'adresser; apprenez, leurs diroient-ils, que nous avons tout perdu en un instant; nos frères ont été massacrés; nos femmes et nos filles, réservées à l'infamie, sont réduites à envier leur sort; apprenez que, comme nos pères se sont entre tués pour des querelles théologiques, nous sommes exterminés d'après des subtilités de morale, et que les poignards, aiguisés autrefois en France, par les prêtres, le sont aujourd'hui par des philosophes, non moins fanatiques, qui en ont armé nos esclaves ; venez nous aider à recouvrer tout ce que les hommes ont de plus cher, et en échange de ce bienfait, recevez de nous l'avantage du plus riche commerce de l'univers, et que notre patrie a toujours méconnu.

Qui peut douter que la pitié, la reconnoissance, l'intérêt ne fissent accueilllir cette demande avec transport, par ce peuple de soldats, et que bientôt les nègres, déjà divisés entre eux, manquans de subsistance, mal armés, fatigués de la plus effroyable anarchie, ne fussent obligés de reprendre leurs fers ?

Nous venons de supposer les nègres en pleine possession de leur liberté; mais, véritablement, nous avons peine à concevoir comment ils pourroient se la procurer, même en la supposant, contre toute possibilité, prononcée par un decret sanctionné, rendu au gré *des amis des noirs*, car sans doute on ne se flattera pas de trouver les colons disposés à s'y conformer amiablement, et c'est encore une idée folle et cruelle, d'imaginer que les nègres pourroient alors s'affranchir eux-mêmes de l'esclavage, comme s'ils n'y étoient demeurés jusqu'ici que faute d'un decret : sans doute il en pourroit résulter une effervescence dangereuse, et dont on a déja vu des étincelles effrayantes, mais qui seroit certainement éteinte dès que les maîtres, sacrifians au soin de leur sûreté, et à la conservation du reste de leur fortune, le prix de ces esclaves, et leur compassion pour ces malheureux, se résoudroient, en cédant à la plus impérieuse nécessité, à exterminer une partie des révoltés, dont le sang crieroit à jamais vengeance contre les auteurs de ces maux. Il faudra donc se déterminer à faire accompagner cette nouvelle loi par 20 vaisseaux de guerre, 500 navires de transport et 30 mille hommes de débarquement; on ne peut douter qu'il ne se présente en foule des officiers de la marine, des matelots et des soldats, qui, pleins de respect pour les spéculations de nos philantropes, toujours soigneusement éloignés du péril, s'empresseront d'aller verser leur sang dans une guerre civile, qu'ils regarderoient comme la plus absurde injustice de la part de la métrople, s'ils n'avoient fait l'abandon de toutes leurs idées. Le C. G. fera la bénédiction des drapeaux de cette croisade, et prononcera, avec son onction ordinaire, un discours dans lequel il assurera des couronnes civiques ou les palmes du martyre, à ceux qui travailleront à conquérir à la liberté, ces bastilles américaines, ces terres depuis si long-tems souillées des crimes *de ces infames colons, de ces scélérats, de ces négrophages ;* mais de leur côté, les Anglois verront-ils pour la première fois sans une inquiétude véritable ou affectée, de si grands armemens, qui pourroient menacer leurs îles d'une invasion ou de la contagion non moins dangereuse des opinions philantropiques, et ne paroîtront-ils pas aussitôt que nous dans cet archipel, et avec des forces égales? au milieu de ce tumulte, que deviendront nos colonies, en supposant même qu'elles aient attendu jusqu'alors à prendre leur parti? c'est ce qu'il n'est pas difficile de deviner. Quant à nos provinces maritimes et manufacturières, ce qui comprend à peu-près tout le royaume, lisez seulement les adresses qui arrivent de toutes parts à ce sujet, et notamment celle de la ville de Nantes; informez-vous de ce qui se passe en Guyenne, et prévoyez les troubles et les commotions qui vous attendent, commotions capables de porter atteinte à la révolution si heureusement avancée : car, comme les maladies contagieuses se déclarent le plus souvent et sont plus dangereuses dans les lieux où beaucoup d'hommes sont rassemblés, de même, c'est à Paris seulement que cet enthousiasme, qui seroit ridicule, s'il n'étoit atroce, a été transplanté de Londres, où il n'avoit pour objet que la suppression de la traite, et a formé une secte, dans laquelle les provinces ne se sont point fait initier; réduites au sens ordinaire et naturel, elles sont incapables d'atteindre à la conception trop relevée, *que la France doit abandonner ses colonies;* et ce n'est point non plus chez elles que les disciples illuminés du docteur Quesnay, et le baquet de Mesmer ont fait fortune: mais quelqu'absurde que soit le systême des amis des noirs, l'on peut croire qu'il ne sera pas classé parmi ces sortes de folies éphèmères, et ils ne peuvent se flatter d'être regardés seulement comme extravagans, lorsque leurs projets sont précisément les mêmes que s'ils étoient dirigés par nos ennemis étrangers, ou par ceux de la révolution, et qu'on les voit travailler à découvert et avec ordre, et conduite à la ruine et à la désolation de cette monarchie.

Et qui pourroit même assurer qu'au milieu du trouble et des craintes que ces bruits excitent dans nos colonies, pendant qu'une secte de fanatiques insensés, et peut-être une ligue d'ennemis publics, profitans de ce moment d'ivresse, fait des efforts inconcevables et dont on ose à peine imaginer le motif, pour en dévouer les habitans à la proscription, en armant contre eux l'opinion publique, si puissante dans les circonstances actuelles, si aisée à égarer, et si dangereuse sur cette matière : pendant que ces prétendus philantropes interprètent hautement les décrets de l'assemblée nationale, comme un arrêt de ruine et de mort prononcé contre les Colons, lorsque ces assertions si appropriées aux dispositions actuelles sont adoptées avec avidité par une multitude de citoyens passionnés pour toute liberté, et auxquels il est comme impossible d'approfondir cette question ; qui pourroit, dis-je, assurer que les habitans de nos îles osassent attendre les extrêmités dont on les menace, pour se jetter dans les bras qui leur sont ouverts, en leur offrant toutes sortes d'avantages, et ne fissent céder à la crainte de tous les malheurs réunis leur attachement connu à la mère patrie ?

Vous combattez des chimères, me dira-t-on ; jamais il n'a pu être question d'abolir tout à coup l'esclavage, et par conséquent la culture des colonies, mais de substituer par des moyens doux et lents, tels que des affranchissemens successifs, le travail salarié, au travail de l'esclave.

D'abord il existe un grand préjugé contre la possibilité de cette transformation : jamais on on ne vit de manœuvres salariés occupés dans nos îles, aux grandes cultures, quoique des propriétaires se trouvant souvent dénués d'esclaves, en quantité suffisante, eussent volontiers employé ces expédiens, s'il eût été praticable.

La plus grande partie des manœuvres libres qui se rencontrent aux îles, sont des soldats actuellement au service, ou nouvellement congédiés. La journée d'un tel homme employé par le Roi, est de 40 ou 50 f. tournois; mais quand il se loue aux particuliers, il exige au moins 3 l. ou 3 l. 10 f. et il travaille deux ou trois heures de moins par jour que le nègre esclave, dont la journée ne coûte au meilleur maître que 8 f. Or, en supposant contre toute vérité que les colons pussent faire les avances énormes, qu'exigeroit ce travail salarié, et trouver, pour cet objet, un numéraire immense qui n'existe ni ne peut exister dans ces contrées toujours endettées envers la métropole; à quel prix faudroit-il donc porter les denrées des colonies produites par ces nouveaux moyens et comment soutiendroient-elles dans le grand marché de l'univers la concurrence avec celles des autres nations qui continueroient de fabriquer par la méthode ordinaire, sur-tout quand encouragées par les prix excessifs de ces produits elles étendroient leurs travaux dans une immensité de terres neuves qui appellent les cultivateurs à Saint-Domingue Espagnol, à Portorico, à Cuba, à la Trinité et dans le Continent ? cette seule remarque sembleroit suffire pour prouver que l'effet de l'admission de la culture salariée dans nos colonies, en seroit la ruine prompte et infaillible.

Ne pensez pas au reste qu'on puisse jamais ramener les prix des salariés beaucoup au-dessous de ce qu'ils sont aujourd'hui dans ces climats où le nécessaire physique se réduit à quelque nourriture que la nature fournit abondamment, pour peu qu'elle y soit sollicitée, et où la chaleur constante rend insupportable le travail et sur-tout le travail de la terre.

D'ailleurs vos salariés seront-ils des blancs ? Sachez qu'il est comme impossible qu'un blanc résiste long-tems dans les colonies à un travail pénible et continû : les soldats dont je viens de parler, bien nourris, très-peu fatigués, soignés dans leurs maladies, y succombent le plus souvent ; voyez dans quel état en reviennent nos régimens. Un ministre qui montra beaucoup de légèreté en cette occasion, avoit tenté d'établir il y a quelques années, la culture blanche dans la Guyanne; on sait quel a été le succès de cette folle tentative. D'après le systême d'alors, le crédit sut rejetter sur l'intendant Chanvallon ce défaut de succès; mais qu'il eut des torts ou non dans les détails, l'entreprise étoit vicieuse en elle-même, et ne pouvoit réussir. Un assez grand nombre de ces infortunés, la plupart Allemands, se retirèrent ensuite à la Martinique et à la Guadeloupe. Le gouvernement leur y accorda des terres, à la charge de les cultiver eux-mêmes, et leur fournit des vivres pendant quelque tems : malgré ces secours, ils y sont péris jusqu'au dernier, de maladies et de misère en peu d'années, et sans avoir laissé de traces de leur existence. D'ailleurs, où trouver l'immense quantité de blancs nécessaires, pour une culture aussi étendue, et pour en réparer sans cesse l'effroyable consommation?

Si vous dites que les nègres rendus à la liberté travailleront à nos cultures, comme manœuvres salariés; je vous demanderai comment il se fait que parmi tant de nègres libres qui se trouvent déjà dans nos îles, il n'y ait pas d'exemple d'un seul qui consente non-seulement à se louer de cette matière, mais à cultiver sa propre terre ; tous s'adonnent à des métiers, dont l'exercice est véritablement beaucoup moins pénible. Il existe même une nation de six à huit mille nègres libres à Saint-Vincent, dont l'origine n'a jamais été bien connue. Ils partagent cette île avec les Anglois ; livrés à une misère à laquelle ils sont insensibles, et à une indolence qui fait leur bonheur, on n'en vit jamais un seul se louer aux colons pour le travail le plus modéré. Ils vont exactement nuds, et quelque culture en vivres et la pèche surtout fournissent à leur subsistance toujours très-médiocre. L'usage du rum fait tout leur luxe, et quand ils peuvent s'en procurer, ce que leurs moyens leur permettent rarement, ils le payent avec un peu de tabac.

Mais objectera-t-on, les nègres libres dont vous parlez, ont quelque ressource, soit dans leurs professions, soit dans leurs propriétés, et les nègres nouvellement affranchis, n'ayant aucun autre moyen de subsistance, seront obligés de se dévouer au travail de la culture, moyennant salaire : vaines illusions naturelles dans un pays où toutes les terres reconnoissent un propriétaire et où l'homme accablé de besoins semble condamné à un travail constant auquel d'ailleurs la nature ne répugne pas! apprenez que dans ces climats brûlans et si différens du vôtre, le repos est la première de toutes les jouissances, qu'une subsistance moindre que la moitié de celle du paysan Européen le plus sobre, compose tout le nécèssaire physique d'un nègre, qu'il ne se résoudra pas à l'achetèr par un travail pénible, quand la nature la lui offre, pour ainsi dire, gratuitement; quand l'Afrique, sa patrie, ou d'immenses déserts dans le Continent de l'Amérique lui assurent en outre une retraite contre les nouvelles entreprises de ses anciens maîtres : Là huit jours de travail dans le courant d'une année employés à la culture d'une terre neuve et d'une végétation prodigieuse joints à l'amusement de la chasse ou de la pêche, suffiront pour l'entretenir lui et sa famille dans une heureuse oisiveté. Les nègres devenus libres imiteront donc l'exemple des Caraïbes, habitans indigens de nos îles qui en étoient peuplées, lors de leur découverte : aucun d'eux s'est-il jamais venu offrir au travail ou au service? aucun a t-il été assez ennemi de lui-même pour échanger son repos contre nos jouissances? Non sans doute, à mesure que nos cultures se sont étendues, ces hommes paisibles ont abandonné leur terre natale à l'avarice, au luxe, aux fureurs des Européens et se sont enfin retirés dans le Continent : au reste si parmi ces affranchis, il s'en trouvoit qui voulussent continuer de vivre sous la police Européenne, les Espagnols leur offriroient des conceſſions gratuites de terres dans plusieurs de leurs établissemens, avantage dont un grand nombre a déjà profité.

Ces divers exemples parfaitement appropriés à notre sujet, et ces considérations prouvent d'après la nature même que jamais des hommes libres de quelque couleur et de quelque pays que ce soit, ne s'astreindront à nos cultures actuelles d'Amérique, moyennant salaire.

Quelques écrivains ont avancé qu'il étoit possible que les terres de nos colonies presque toutes divisées en grandes propriétés, fussent morcelées en petites qui appartiendroient aux nègres devenus libres, et que si le genre de culture l'exigeoit, comme pour le sucre, les denrées pourroient être portées pour la fabrication au principal établissement qui continueroit d'appartenir à celui qui ci-devant étoit le maître : ainsi, disent-ils, nous voyons que les vignes n'appartiennent pas toutes au propriétaire du pressoir.

Mais d'abord, par quelle transition se fera cette conversion de propriété actuellement dans la main d'un seul? Quel est le propriétaire qui vendroit sa terre à des nègres qui n'ont rien, et avec certitude de n'être pas payé? Qui voudroit d'ailleurs construire ou entretenir un établissement de 400 mille livres qu'exige, non un pressoir, mais une sucrerie médiocre en bâtimens, ustensiles, bœufs, mulets, louer une multitude d'ouvriers, de manœuvres, de rafineurs, au hazard de voir toute cette dépense inutile, s'il plaisoit à ces nouveaux propriétaires ou à plusieurs d'entre eux de cultiver du caffé, de l'indigo, du coton, des vivres, au lieu de cannes? Se concerteroient-ils d'ailleurs pour planter, de sorte que leurs cannes ne se trouvâssent mûres que successivement, et dans les tems convenables, de manière cependant à en fournir à la fois précisément la quantité suffisante pour fabriquer, et avec cette continuité uniforme qu'exige absolument le travail du moulin et de la sucrerie? se concerteroient-ils pour laisser en chommage la quantité de terres nécessaires pour la pâture des bestiaux dépendans de l'établissement, et pour tant d'opérations qui ne peuvent être dirigés que par une seule tête? Où prendroient-ils des engrais? Mais c'est trop s'arrêter à réfuter de telles absurdités.

Enfin dans l'état actuel, les nègres travaillent près de douze heures par jour, et n'ont d'autre salaire que leur subsistance; si l'on suppose donc que lorsqu'ils seront propriétaires, ils ne gagneront également que la valeur de leur nourriture, en travaillant douze heures à la culture, ils la quitteront bientôt, parce que deux heures de travail employées à cultiver des vivres leur fourniront cette même subsistance, et si vous dites qu'ils gagneront plus, et ce devroit être six fois plus, alors comme nous l'avons déjà observé, le renchérissement extrême de la main d'œuvre dans nos travaux ne nous permettra plus de soutenir la concurrence avec l'étranger.

Puisqu'il est nécessaire, dira-t-on, peut-être, que le maître conserve la propriété de sa terre, au moins il pourroit en faire des divisions et les donner à cultiver à chaque affranchi, ou à plusieurs d'entre eux, de manière qu'ils fussent obligés de lui payer une ferme annuelle d'une certaine quantité de denrées, et aux époques qui lui conviendroient.

Mais je répète que pour soutenir la concurrence avec l'étranger qui n'aura fait aucun changement dans le prix de sa culture, il est nécessaire que nos nègres rendus libres et propriétaires ou fermiers, travaillent autant que lorsqu'ils étoient esclaves, sans gagner autre chose que leur subsistance, comme par le passé, et c'est ce qu'il seroit impossible d'obtenir d'eux, comme on vient de le voir. Qu'auroient-ils, d'ailleurs, à craindre en manquant d'exactitude à acquitter leur tribut? Peut-être des poursuites en justice, eux qui vivent nuds sous une cabane de roseaux, couchans sur une natte et ne connoissans aucun genre de meubles : d'ailleurs, j'ai déjà remarqué que les nègres affranchis trouveroient ailleurs autant de terres qu'ils en voudroient, sans s'assujétir à aucune redevance.

Quelques philantropes mitigés ne pouvant se refuser aux conséquences de l'abolition de l'esclavage, conviennent qu'à la vérité le tems n'est pas *encore* venu de s'occuper de la liberté des nègres, mais seulement d'adoucir leur sort, au moyen de l'abolition de la traite : alors, disent-ils, les maîtres qui ont toujours éludé les plus justes réglemens en faveur de ces malheureux, ne pouvant plus les remplacer par des moyens étrangers, seront obligés par leur propre intérêt à les conserver; ainsi leur population s'entretiendra et s'accroîtra, car nous voyons par l'exemple constant de quelques habitations où les nègres sont moins fatigués de travail et mieux nourris, et par celui des nègres libres, que ce climat est favorable à leur espèce et que le défaut de nourriture, le travail forcé et les mauvais traitemens qui en sont la suite, s'opposent seuls à leur conservation et à leur population.

On peut ajouter à ces assertions, que si un tel projet pouvoit se réaliser, les nègres de nos Colonies au métaphisique près de la liberté qu'ils connoissent peu, et déja plus heureux que les journaliers jouiroient d'un sort préférable à celui des cultivateurs de France, et que les maîtres dorénavant, entourés pour ainsi dire d'amis, auroient autant qu'eux à se féliciter de ce changement.

La première difficulté qui se présente dans son exécution, c'est qu'il ne peut réussir que par la coalition de toutes les puissances maritimes, ensorte, que si la France interdisoit à ses sujets d'aller chercher des nègres en Afrique, pendant que d'autres nations continueroient ce commerce, les Colonies françoises s'en recruteroient comme par le passé.

En effet, si les étrangers transportent d'Afrique comme ci-devant des nègres à la Dominique, à Antigues, à Saint-Eustache, à Sainte-Croix, comment en empêchera-t-on l'introduction à la Martinique, et aux autres isles françoises du vent ? Si les Anglois en apportent à la Jamaïque, si les Espagnols, ou si d'autres nations, sous leur pavillon, en introduisent dans la partie de Saint-Domingue qui leur appartient ; comment s'opposera-t-on à ce qu'ils entrent dans la partie françoise ? On sait par une expérience de plus d'un siècle, que pour des avantages beaucoup moindres, la vigilance des administrateurs à toujours été insuffisante pour proscrire dans nos isles le commerce interlope, et, d'ailleurs le prix des nègres nouveaux croissant en proportion de la difficulté, et des dangers qui s'opposeroient à leur entrée les feroit toujours braver : autrefois la peine des galères étoit prononcée par les ordonnances contre les capitaines faisant le commerce prohibé ; malgré cette loi attroce il avoit lieu comme aujourd'hui.

Le seul effet de l'abolition de la traite bornée

à la nation françoise, seroit donc de priver nos places de commerce, et nos manufactures du bénéfice qu'elles en retirent et de le transporter aux étrangers, notament aux Anglois; de perdre une pépinière de matelots, de faire renchérir les nègres nouveaux et autres, dans nos colonies, et par conséquent le prix de la culture. Ainsi, nos colons, notre commerce, nos manufactures, notre marine, perdroient beaucoup à ces généreuses dispositions, toutes ces pertes tourneroient au profit de nos rivaux et l'humanité n'y gagneroit rien.

Croiroit-on que cette objection si simple et si péremptoire quoique répétée dans divers écrits, semble n'avoir pas été entendue par les amis des noirs? Que sans qu'ils y aient répondu, ils continuent de nous assûrer dans des journaux et des pamphlets que cette abolition est sans inconvéniens et présente une multitude d'avantage: les anglois, disent-ils, y consentent, et où celà, s'il vous plait, est-il consigné? Nous savons au contraire que leur parlement vient de faire des réglemens sur la traite, par lequel il accorde aux nègres que l'on transporte d'Afrique un peu plus d'espace dans les navires, et qu'il s'est déterminé à ne rien changer d'ailleurs à ce commerce après avoir entendu une multitude de témoins oculaires, qui tous ont déposé qu'il arrachoit les nègres à un état infiniment plus malheureux que celui qu'ils rencontrent en Amérique.

M. le curé Grégoire cite pour garant de la prochaine abolition de la traite en Angleterre, *l'estimable M. Clarkson,* auteur de l'essai politique sur l'avantage de la traite des nègres : mais que nous fait l'assertion de M. Clarkson aussi estimable que l'on voudra, assertion démentie d'ailleurs par ses faits ? Certes, M. Clarkson pourroit citer comme garant de l'abolition prochaine de la traite en France M. de Condorcet estimable par ses connoissances mathématiques, un duc dont les *maximes* sont connues, le M. D. L. F. tellement persuadé que la supression de l'esclavage aura bientôt lieu, qu'il s'empresse de vendre l'attélier de nègres qu'il a établi à Cayenne, pour essaier de la culture libre, enfin un club entier de françois dont le nombre au moins doit être de quelque poids, sans que le parlement d'Angleterre d'après des autorités aussi fortes crût devoir nous prévenir dans cette opération.

Supposons d'ailleurs que la France et l'Angleterre conviennent de cette interdiction, les autres puissances, à qui ce commerce deviendra d'autant plus avantageux, y accèderont-elles ? Cependant, si elles s'y refusent, la traite subsistera encore, même dans les colonies angloises et françoises, au moyen de quelque renchérissement; mais ces inconvéniens arrêteroient-ils les amis des noirs et de l'humanité? Non sans doute, et ces hommes de paix décideront qu'il est permis d'employer la force des armes pour contraindre les puissances récalcitrantes à se réunir à une coalition si désirable.

Enfin, quand même les autres états de l'Europe, et notamment la Grande Bretagne, qui se moque de nous, voudroient encourir à l'abolition de la traite, nous devrions observer que les cultures, dans les îles à sucre, angloises, ne sont pas le tiers des nôtres, et celles de toutes les autres nations beaucoup moindres encore; que notre colonie de St. Domingue, la plus productive et la plus avantageuse à sa métropole, qui fut jamais dans le monde ancien et moderne, vaut seule presque toutes celles étrangères ensemble; on ne peut donc instituer aucune comparaison entre les sacrifices que coûteroit à la France, la diminution de ces produits, suite nécessaire de cette interdiction, et ceux qui en résulteroient à l'Angleterre, dont les possessions sont d'ailleurs beaucoup mieux fournies de nègres que les nôtres; et à plus forte raison aux autres puissances : n'est-il pas notoire que le commerce de nos îles, est pour ainsi dire le seul important qui nous reste, le seul sur-tout au moyen duquel nous puissions nous acquitter annuellement envers l'étranger, pendant que l'Angleterre en réunit une multitude de branches? Et aussi long-tems que nous la verrions continuer de s'enrichir dans les Indes orientales, des fruits de la plus odieuse oppression cimentée, si l'on en croit ses propres écrivains par une suite de forfaits incroyables, ne serions nous pas fondés à attribuer à sa politique plutôt qu'à son humanité et à sa justice, son adhésion, à la suppression de la traite, s'il étoit vrai qu'elle s'y prêtât? Suppression qui effleureroit à peine l'universalité de son commerce, pendant qu'il en résulteroit la ruine presqu'entière du nôtre, et surtout l'anéantissement de notre marine, l'objet des vœux les plus ardens de cette nation; que son parlement recommence donc ou non la comédie de cet examen; mais souvenons-nous que si M. Pitt est ami des noirs, la haine du nom françois est héréditaire dans sa famille.

Veut-on supposer contre toute possibilité que la traite des nègres continuant de subsister chez quelques-uns des peuples étrangers, le gouvernement pût en empêcher l'introduction dans les isles françoises, dabord il est certain que les nègres ne pouvant plus être remplacés de dehors, deviendroient beaucoup plus précieux à leurs maîtres, qui en exigeroient moins de travail et qui les nourriroient mieux, et qu'ainsi les denrées produites en moindre quantité, et à plus grands frais dans nos possessions ne pourroient plus soutenir la concurrence avec celles des étrangers cultivant d'après l'ancienne méthode, et encouragées par ce renchérissement même à de nouveau défrichés et de nouveaux établissemens; bientôt ils nous arracheroient des mains, non-seulement cet immense tribut que nos colonies imposent à tant de nations diverses, au grand avantage de leur mère patrie, mais encore nous verrions les denrées coloniales des étrangers au moyen de leurs prix très inférieurs aux nôtres versées frauduleusement dans nos îles, et de là s'introduire en France; que deviendroit aussi une dette de plus de 300 millions tournois dont les colonies sont chargées envers la métropole et dont le paiement ne peut avoir lieu que d'après une culture très-active et des défrichemens sur lesquels on avoit cru pouvoir compter, mais qui ne pourroient plus avoir lieu d'après ces nouvelles dispositions ?

Au moment où l'on commençoit l'impression de

de ce mémoire, la société des amis des noirs de Paris, a fait distribuer une adresse à l'assemblée nationale, *pour l'abolition de la traite*; effrayée du cri général qui s'élève contre ces dangereuses extravagances, dans les provinces, et même dans cette capitale, qui voit combien la ruine des colonies augmenteroit chez elle l'inaction et le défaut de consommation, elle paroît disposée à composer sur l'affranchissement des nègres, et même à accorder un long délai pour la suppression de ce commerce, contre ce qu'avoit annoncé M. le président, dans le journal de Paris, du 14 décembre dernier; son humeur perce contre les lenteurs du parlement d'Angleterre, et même contre notre assemblée nationale; qui est accusée *d'indifférence* pour la bonne cause; elle rapporte des confidences ministérielles et des effusions de cœur, sur cette affaire, de la part de M. Necker, envers *l'estimable M. Clarckson*, résident d'Angleterre, près la société de Paris; enfin, elle annonce incessamment, à ce sujet, une adresse au peuple françois, sans doute pour contrebattre à la fois celles qui arrivent de toutes parts, sur-tout celles très-énergiques de la ville de Nantes, et dans lesquelles les amis des noirs sont très-durement qualifiés; en attendant cet ouvrage, je me contenterai de relever, dans celui qui vient de paroître, quelques contradictions qui l'anéantissent ou le réduisent à une déclamation de collége. On y lit (page 11) qu'au moyen de l'abolition de la traite, *les maîtres seront obligés de mieux seconder leurs esclaves qui, par ce moyen, feront mieux et davantage, dans le même espace de tems, et par conséquent produiront d'avantage*, ensorte que, suivant les amis des noirs, qui n'ont jamais vu les colonies que dans des livres, c'est par un mal-entendu ou par méchanceté pure, et contre leur propre intérêt pécuniaire, que les colons, après une si longue expérience, continuent d'acheter des nègres nouveaux, et ne traitent et ne nourissent pas mieux leurs esclaves; mais il y a plus, ils conviennent, (pages 16 et 17) et ne pourroient en disconvenir, que les étrangers, qui font déja le tiers de notre commerce dans ce genre, en auront alors, en entier, *le profit et la honte*; et qu'ainsi nos colonies seront fournies, comme par le passé, de nègres nouveaux; qu'ils nous expliquent donc alors, comment s'opérera cet adoucissement prétendu dans le sort des esclaves, adoucissement fondé, d'après cux-mêmes, sur l'impossibilité de les remplacer; enfin, je le répète, après la suppression de la traite, les nègres seront fournis par les étrangers ou non; dans le premier cas, qui sûrement aura lieu, il y aura perte immense pour la France, sans gain pour l'humanité; dans le second, l'obligation de ménager davantage les esclaves, causant un renchérissement considérable dans la main-d'œuvre de nos colonies, ne leur permettra plus de soutenir la concurrence avec les autres nations; jamais les amis des noirs ne se tireront de ce dilemme: quant à ce qu'ils allèguent, que ce commerce est désavantageux, puisqu'il est nécessaire de lui accorder une prime, on trouvera cette objection réfutée par analogie, dans ce qu'on va lire, au sujet des dépenses que les colonies occasionnent au fisc.

Les philantrophes n'ont pas manqué de faire grand bruit de l'exemple des quakers en Pensylvanie, et de quelques autres anglo-américains du Nord, qui ont affranchi leurs esclaves il y a plusieurs années; mais supposons pour un moment, qu'en France nous en possédions comme ces peuples, un petit nombre, et nous verrons bientôt que notre intérêt nous invitera à les affranchir et à nous servir, par préférence, de journaliers et de domestiques payés; en effet, quel salaire donnons-nous à ces derniers? Moins sans doute que la subsistance et le vêtement nécessaires à eux et à leur famille; nous en donnerions donc autant ou plus à nos esclaves, que nous serions en outre obligés de soigner et de nourrir dans leur enfance, leurs maladies et leur vieillesse; de plus la crainte d'être congédiés est un aiguillon pour nos salariés, qui ne pourroit atteindre les esclaves, et qui mettroit une grande différence dans le prix de la main-d'œuvre; ainsi dans tous les pays comme la France et la Pensylvanie où les journalistes sont communs, où la culture telle que celle du bled, de la vigne, du chanvre, n'exige pas à la fois et sans interruption, un grand nombre de bras, où le climat porte à l'exercice du corps et rend le travail doux et supportable, nul doute qu'il ne soit beaucoup plus expédient à tous égards d'employer des salariés, que des esclaves; tels ont été les motifs des quakers; mais quoique beaucoup moins nécessaire que dans nos colonies, l'esclavage a été conservé dans le sud des Etats-Unis, où l'on ne paroît nullement disposé à l'abolir, malgré ce que le curé Grégoire se permet d'assurer que les *anglo-américains ne veulent plus que des libres.* En Virginie le général Vashington lui-même, ce patriarche de la liberté ne se fait aucun scrupule de posséder une magnifique plantation de tabac cultivée par 200 nègres esclaves; plusieurs états du Nord les ont aussi conservés, mais ils y sont et y ont toujours été en petit nombre comme ils l'étoient autrefois chez les quakers, et regardés comme un objet de luxe plutôt que d'utilité; il est donc de toute évidence que la conduite des quakers en Pensylvanie, ne peut être admise ni comme une preuve ni une induction qu'il soit possible d'affranchir les nègres dans nos îles.

Sans doute d'après ce qu'on vient de lire, il est difficile de nier que l'abolition de l'esclavage n'entraîne nécessairement l'abandon de nos colonies et que celle de la traite n'est guères sujette à moins d'inconvéniens; mais parmi nos adversaires, il en est que ces conséquences même ne peuvent ébranler: ces possessions, disent-ils, sont plus à charge que profitables à l'état, elles ne peuvent être maintenues que par l'entretien d'une immense marine militaire; il en dérive des causes de guerres fréquentes et ruineuses, et enfin les influences funestes de ces climats, les maladies et les dangers inséparables de la navigation moissonnent chaque année une grande quantité d'hommes au grand désavantage de la population de ce royaume.

Pour répondre à la première objection, il faut considérer que dans un état, il n'est pas toujours possible d'assujettir directement les différentes branches de culture et d'industrie à des impôts qui soient en proportion de leur importance et des dépenses qu'elles occasionnent au gouvernement; ensorte que les unes sont, fiscalement parlant, plus avantageuses que les autres; il est même possible qu'il s'en trouve qui, ayant plus particulièrement besoin de défense, de protection et d'encouragement, soient à charge au trésor-public, sans que, par cette seule raison, on doive les prescrire, si, d'ailleurs, il est démontré qu'il en résulte de grands moyens d'aisance et de subsistance, par conséquent le paiement de beaucoup d'impôts, l'emploi d'un grand nombre de bras qui autrement courroient risque d'être oisifs, enfin si ces objets sont de nature à être recherchés par l'étranger.

Or, sous ce point de vue, et dans la supposition que les Colonies, dont on veut favoriser l'exportation des denrées aux autres nations, ne versent pas au trésor-royal, une somme égale à la dépense qu'elles lui occasionnent, on ne peut assurer que ce dût être une raison pour les abandonner, lorsqu'il est reconnu qu'elles procurent la vie et l'abondance et par conséquent les moyens de payer d'immenses impôts à plusieurs millions d'entre nous, en vivifiant tout le royaume et en en prévenant la ruine totale, suite inévitable de l'immense désavantage de la balance du commerce pour la France, si elle ne les possédoit plus.

Au reste, entrons dans quelques détails sur cette dépense, d'abord, il seroit injuste de vouloir imputer en entier celle de la marine militaire sur ce seul point, car vous n'avez pas encore formellement annoncé que vous eussiez dessein de renoncer à la pêche de toute espèce qui vous produit quarante millions par an, au commerce du Levant, à celui des Indes Orientales, à toute espèce de cabotage. Vous n'avez sans doute pas envie d'abandonner vos côtes, non-seulement à l'invasion d'un ennemi, mais au pillage du premier pirate et de devenir, vous-mêmes, esclave par horreur pour l'esclavage. Votre marine vous seroit donc encore nécessaire, après avoir abandonné vos Colonies, et ne dites pas que vous la diminueriez, car bientôt vous n'en auriez plus.

Néanmoins consentons à faire supporter à des établissemens, la moitié de la dépense de la marine, comme elle est au total de 30 millions, ce sera 15 millions à ajouter à 10,360,782 livres, que la France fournit annuellement pour toutes les dépenses des Colonies, en outre des impôts qui se perçoivent dans les îles mêmes, ainsi elles coûtent au fisc 25,360,702 livres ; et il est à propos de considérer, que dans cette somme est comprise celle de 4,528,361 livres ; pour les îles de France et de Bourbon, quoique l'entretien de la première, qui absorbe presque le tout, n'ait guères pour objet que d'assurer le commerce des Indes Orientales, qui n'a rien de commun avec celui des Colonies.

Il sera plus difficile d'évaluer au juste ce que la possession de nos îles fait verser annuellement dans le trésor-public : on porte au moins à 240 millions le produit de ces denrées rendues dans les ports de France, où les droits de domaine d'Occident, et quelques autres auxquelles elles sont assujetties, montent au moins à huit millions ; ainsi la dépense du fisc excéderoit toute sa recette de 17,360,782 livres.

Mais que deviennent ces 240 millions, provenant du prix des denrées coloniales arrivées en France ? vingt millions en doivent être déduits pour les objets que les négocians François achètent de l'étranger, et qui sont employés directement ou indirectement au commerce des Colonies, et le reste se distribue à des armateurs pour leurs frais, l'intérêt de leurs avances, leurs gains, à des assureurs, à des ouvriers, à des artistes de toute espèce, à des navigateurs, à des cultivateurs, à des manufacturiers, enfin, (et cet objet est immense), à des capitalistes, ou à des propriétaires d'habitations résidens en France, et sur-tout à Paris. Ainsi plusieurs millions d'hommes établis, soit dans les provinces du royaume, soit dans la capitale, trouvent dans ces produits des moyens de subsistance, d'aisance, et de richesse : ainsi les Colonies procurent à la France, l'emploi de 220 millions de ses denrées et de son industrie, et par conséquent des impôts proportionnés, qui autrement ne pourroient trouver d'assiette ou qui seroient infiniment moindres. A combien au reste montent ces impots ? C'est ce que je ne puis arbitrer avec quelqu'exactitude, jusqu'à ce que je sache à combien l'industrie, la culture, les consommations sont communément taxées en France, sous tant de formes et de dénominations différentes : sûrement c'est fixer ce taux moyen trop bas que de l'établir au sixième : Ainsi d'après cette évaluation beaucoup trop foible, nos Colonies nous fourniroient, pour cet article, des moyens d'impôt pour le sixième de 220 millions, c'est-à-dire, pour près de 37 millions : par conséquent le trésor-public trouveroit dans la possession des Colonies près de 20 millions de profit, bien loin qu'elles lui fussent à charge.

Ces propriétaires, direz-vous, ces manufacturiers, et tous ceux que les Colonies alimentent directement, ou à qui elles fournissent des débouchés et du travail, participent dans le royaume, aux avantages de la sûreté, de la justice, de la police, et ce ne doit pas être gratuitement; ainsi il ne suffiroit pas que les impôts qu'ils supportent, joints aux droits perçus directement, sur les denrées coloniales, défrayassent seulement le fisc de la dépense particulière des Colonies; d'ailleurs si notre industrie ne trouvoit pas ce débouché elle se porteroit vers d'autres objets, et quant aux denrées que nous échangeons actuellement avec elle, elles pourroient être vendues directement à l'étranger, et remplacer ainsi ces produits dans la balance du commerce; ainsi la même quantité d'impôts au droit du domaine d'occident près, seroit payée, et nous aurions de profit, les dépenses occasionnées par ces établissemens.

Mais, comme l'a remarqué M. Necker, se crée-t-on ainsi des acheteurs à son gré? la consommation n'a-t-elle pas des bornes ? Si vous ne vendez pas plus de denrées à l'étranger, si vous même n'en consommés pas plus, ce n'est pas que vous ne puissiez en fabriquer d'avantage: ne vous opposez donc pas à ce que l'excédent de ce dont l'étranger, et vous, avez à satiété, ou qui du moins ne pourroit plus être vendu qu'à perte, soit échangé avantageusement dans nos Colonies, pour d'autres denrées dont le débit est sûr, et par conséquent représentatives de tout: en outre, nous concevons difficilement de quel côté se tourneroit tout-à-coup, tant de culture et d'industrie sans emploi ; et nous ignorons si le nouveau régime que l'on dit devoir succéder à l'ancien, seroit plus ou moins dispendieux pour le fisc ; mais nous voyons dans ce moment même des exemples frappans et trop multipliés des inconvéniens de la cessation d'emploi et du déficit dans la consommation, sur-tout dans cette capitale : à quel point effrayant ces maux n'y seroient-ils pas portés par l'abandon des Colonies ? Et par quelle nouvelle occupation y dédommageroit-on tant d'ouvriers de luxe, et autres, dont les ouvrages sont envoyés dans nos isles, ou payés par des consommateurs qui y possèdent des biens ou des créances quoique établis à Paris. Que deviendroient aussi dans les provinces tant de bras tombés dans l'inaction, tant de matelots, tant de gens adonnés à certains métiers, et qui ne peuvent en exercer d'autres ? Considérons qu'actuellement dans les 240 millions de denrées coloniales que la France reçoit chaque année, il en est 220 qu'elle achète au prix de son industrie, ou qui appartiennent à des particuliers qui y résident, et qu'il en résulte d'immenses moyens de subsistance pour la classe laborieuse de l'Etat, moyens d'autant plus avantageux à la prospérité publique que la plus grande partie de ces produits est vendue aux autres nations ; mais si nos colonies sont abandonnées ou passent entre les mains d'un autre peuple, ce seront des étrangers dont la culture et l'industrie bientôt augmentées par cet encouragement et renforcées des bras désormais chez nous inutiles, payeront ces produits, à l'exception peut être, et pendant un certain tems, d'un petit nombre d'objets qui semblent exclusifs à la France, et desquels nos îles se passeroient difficilement ; ils nous vendront donc le sucre, le café, l'indigo, le coton, &c. et ils continueront de nous fournir, mais sans réciprocité, les autres denrées accoutumées, qui, ci-devant étoient payées en produits des colonies : ainsi le prix de toutes ces consommations faites en France, ne servira plus à la subsistance de nos compatriotes, mais à celle des nations qui auront mis à profit notre folie, et de plus la balance du commerce, que l'on assure à présent être à peine au pair, se trouvera de plus de 200 millions à notre désavantage.

Dira-t-on que la France n'ayant presque plus rien à donner en retour, renoncera à l'usage des denrées des colonies et des marchandises étrangères, et qu'elle y substituera de nouvelles jouissances, pour ainsi dire du crû du pays? Mais donner dans de pareilles idées seroit bien mal connoître les hommes qui, dans ce genre, se décident, non par aucune considération politique, mais par leur goûts et leurs habitudes: d'ailleurs, si vous refusez de commercer avec les étrangers, consentez donc à être simplement leur tributaire, puisque vous leur devez annuellement de très-grosses sommes pour les intérêts de ce qu'ils vous ont prêté: et c'est encore en cette occasion que nous devons reconnoître qu'une ancienne monarchie ne peut être modifiée d'après les mêmes principes, qu'une horde de sauvages qui, pour la première fois, consentiroit à se donner des loix et à former une société.

Il faut donc convenir que sans la possession de nos colonies, le numéraire s'écouleroit du royaume avec une rapidité effrayante, d'où résulteroit une diminution, sans doute considérable dans la masse générale des impositions, qu'en outre ceux qui en tirent en France leur subsistance de quelque manière que ce soit, y vivroient dans la pauvreté, ou seroient obligés de porter ailleurs leur industrie et leurs ressources, qu'ainsi ils ne contribueroient plus aux charges de l'Etat, ou seulement pour une somme infiniment moins forte, et cela jusqu'à ce que les goûts du sucre, du café et des objets que nous recevons de l'étranger, en échange de ces denrées, se fussent convertis en d'autres auxquels la France même pût fournir; goûts dont le changement très-incertain exigeroit plusieurs siècles et dont nous ignorons, d'ailleurs, s'ils ne seroient pas plus coûteux au fisc que ceux actuels. Enfin nous avons fait voir que dans les 37 millions d'impôts, que la culture et l'industrie salariées en France par les colonies, payent au trésor public; impôts évalués certainement beaucoup trop bas; il n'y en a que 17 qui passent aux dépenses de ces établissemens, et qu'ainsi il en reste plus de 20 que l'on peut regarder, si l'on veut, comme la partie pour laquelle ces sujets de l'Etat doivent en outre contribuer aux charges du gouvernement.

Passons à l'objection tirée des guerres ruineuses qu'occasionnent, dit-on, à la France, la possession de ces colonies : d'abord il est constant que nous avons été aggresseurs, et sans nécessité, dans la plupart des guerres, depuis un siècle : celle avec les Anglois, terminée par la paix de 1763, est la seule où il pourroit y avoir discussion sur ce point, et pour ne parler que de ce qui concerne notre sujet, quand la France, sans vues hostiles, se contentera de tenir sa marine sur un pied respectable, alors elle peut espérer de vivre paisiblement avec la Grande-Bretagne, ou bien les avantages de la possession de ses colonies, et du reste de son commerce maritime, la dédommageront amplement des dépenses d'une guerre intercallée dans un grand nombre d'années de paix : mais certes ce seroit un moyen aussi insuffisant que honteux, pour conserver cette paix avec les Anglois, que de leur sacrifier nos colonies et notre marine. Ces lâches concessions en nécessiteroient bientôt de nouvelles, jusqu'à ce que le reste de notre commerce fût envahi et que toute l'Europe, ou plutôt le monde entier, dont notre marine militaire est actuellement le boulevard, eût reconnu la domination universelle de l'Angleterre, sur les mers et dans toutes les colonies et possessions Européennes, en Asie, en Afrique et en Amérique. Que d'autres plus habiles prévoyent quels pourroient être aussi pour notre continent les dangers de l'établissement d'une puissance aussi monstrueuse et aussi formidable; mais qu'on excuse ceux qui ne pouvant expliquer autrement les motifs des assertions, d'où suivent naturellement ces conséquences effrayantes, assertions semées et propagées avec tant de chaleur et d'intrigue, croient devoir les attribuer à une conspiration fomentée par la Grande-Bretagne.

Quant aux raisons, en faveur de l'abandon des colonies, tirées de la prétendue dépopulation qu'elles causent dans le royaume, elles sont également contredites par une expérience générale et constante et par le raisonnement; c'est depuis environ 70 ans que nos grandes cultures, celles des Anglois et des Hollandois se sont établies en Amérique, et personne n'ignore que la population est considérablement augmentée depuis cette époque dans ces différens Etats. D'ailleurs, quelle est la source ordinaire de la population? Des moyens abondans de subsistance,

tance, or vos colonies fournissent ces moyens à plusieurs millions de citoyens qui, sans cette ressource pour leur industrie, ou n'existeroient pas, ou émigreroient, ou languiroient dans la misère, cette véritable ennemie de la population : cessez donc d'entrer dans les détails de quelques centaines d'hommes moissonnés annuellement par l'influence des climats étrangers, par les naufrages, ou d'autres causes de cette espèce, ou opposez leur des milliers d'enfans nés en France ou aux îles, et qui n'auroient jamais vu le jour, si ces établissemens n'avoient donné de l'emploi à l'industrie de leurs pères : aucun peuple ne montra jamais plus d'égards à la qualité d'hommes, et d'attention pour la conservation des individus que la nation angloise, aucun peuple cependant n'a plus encouragé le commerce maritime et les cultures étrangères : enfin bien loin que l'abandon des colonies devint favorable à notre population, il en résulteroit au contraire l'émigration d'une grande partie de ceux qui se trouvant ainsi sans occupation, iroient offrir leur travail aux nouveaux propriétaires de ces établissemens, qui seroient trop heureux de les accueillir.

Mais avant de proposer, pour adoucir le sort des nègres, des moyens extraordinaires, inou impraticables, atroces, pourquoi les amis des noirs négligent-ils ceux qui se présentent si naturellement et avec si peu d'inconvéniens? Pourquoi, au lieu d'employer tant de ressorts, pour persuader au public que la liberté doit être rendue à ces esclaves, que du moins la traite en doit être supprimée, ne travaillent ils pas, à moins de frais, à persuader au ministère de délivrer les navires Anglo-Américains qui fréquentent nos îles, des entraves de l'entrepôt, en leur permettant de mouiller, sauf la surveillance convenable, devant tous les bourgs, pour y commercer des denrées permises? Là chaque propriétaire d'habitation pourroit acheter de la première main la morue et les autres salaisons, tous les animaux vivans, le mays, les pommes de terre, le riz, les poix et les autres légumes, et donner en payement directement, ses syrops, rums ou taffias; au lieu qu'en tirant ces objets d'achats des entrepôts exclusifs, ce n'est qu'avec beaucoup de lenteurs et de risques, qu'il peut se les procurer à un prix devenu double, après qu'ils ont passé par tant de mains et d'embarcations; la même perte se trouve par les mêmes raisons sur les denrées données en payement de celles-ci; d'après ces nouvelles dispositions, les maîtres pourroient conformément à leur intérêt et à leur inclination, fournir une nourriture plus abondante à leurs nègres; et ces changemens légers en apparence en apporteroient de très grands dans leur sort, qui n'a véritablement besoin d'amélioration que dans cette partie. Pourquoi aussi les amis des noirs, au lieu de vouloir imposer aux maîtres la nécessité de donner la liberté à leurs esclaves, ne leurs obtiennent-ils pas plutôt le droit de la leur accorder par leur seule volonté, sans avoir besoin de la permission d'un gouverneur et d'un intendant qui semblent devoir être étrangers à ces arrangemens? Permission qui peut être refusée, et qui ne s'accorde ordinairement qu'en payant une somme souvent anssi forte que le prix de l'affranchi. Ces facilités augmenteroient de beaucoup le nombre des affranchissemens, faveur par laqnelle ces maîtres si calomniés sont tellement disposés à récompenser la fidélité et les services de leurs esclaves, que le gouvernement a cru devoir assujettir à une multitude d'entraves leur générosité qui lui a paru excessive et nuisible à la culture.

De l'Imprimerie de Devaux, rue des Boucheries Saint-Honoré, n°. 7.

www.ingramcontent.com/pod-product-compliance
Ingram Content Group UK Ltd.
Pitfield, Milton Keynes, MK11 3LW, UK
UKHW032002260826
14628UKWH00005B/2235

9 782012 935501